THIS BOOK BELONGS TO:

CONTACT INFORMATION	
NAME:	
ADDRESS:	
PHONE:	

START / END DATES

___ / ___ / ___   TO   ___ / ___ / ___

This Wedding Gift Log is dedicated to all the beautiful brides out there who want to record their gifts received and document their presents and gifts in the process.

You are my inspiration for producing books and I'm honored to be a part of keeping all of your wedding gift notes and records organized.

This journal notebook will help you record your details about your wedding gifts.

Thoughtfully put together with these sections to record:
Date, Gift Received, Given By, Thank You Sent, & Notes.

How to Use this Book

The purpose of this book is to keep all of your Wedding Gift notes all in one place. It will help keep you organized.

This Wedding Gift Log Journal will allow you to accurately document every detail about your Wedding Gifts. It's a great way to chart your course through keeping track of your wedding gifts.

Here are examples of the prompts for you to fill in and write about your experience in this book:

1. **Date** - Write the date of the receipt of the gift.
2. **Gift Received** - Record what the gift was and any description.
3. **Given By** - Log who the gift is from.
4. **Thank You Sent** - Mark the check box after you have sent the Thank You note.
5. **Notes** - For writing any other important information.

DATE	GIFT RECEIVED	GIVEN BY	THANK YOU
			☐
			☐
			☐
			☐
			☐
			☐
			☐
			☐
			☐
			☐
			☐
			☐
			☐
			☐
			☐
			☐
			☐
			☐
			☐
			☐
			☐

NOTES

DATE	GIFT RECEIVED	GIVEN BY	THANK YOU
			☐
			☐
			☐
			☐
			☐
			☐
			☐
			☐
			☐
			☐
			☐
			☐
			☐
			☐
			☐
			☐
			☐
			☐
			☐
			☐

NOTES

DATE	GIFT RECEIVED	GIVEN BY	THANK YOU
			☐
			☐
			☐
			☐
			☐
			☐
			☐
			☐
			☐
			☐
			☐
			☐
			☐
			☐
			☐
			☐
			☐
			☐
			☐
			☐

NOTES

Wedding Gifts

DATE	GIFT RECEIVED	GIVEN BY	THANK YOU
			☐
			☐
			☐
			☐
			☐
			☐
			☐
			☐
			☐
			☐
			☐
			☐
			☐
			☐
			☐
			☐
			☐
			☐
			☐
			☐

NOTES

DATE	GIFT RECEIVED	GIVEN BY	THANK YOU
			☐
			☐
			☐
			☐
			☐
			☐
			☐
			☐
			☐
			☐
			☐
			☐
			☐
			☐
			☐
			☐
			☐
			☐
			☐
			☐
			☐

NOTES

DATE	GIFT RECEIVED	GIVEN BY	THANK YOU
			☐
			☐
			☐
			☐
			☐
			☐
			☐
			☐
			☐
			☐
			☐
			☐
			☐
			☐
			☐
			☐
			☐
			☐
			☐
			☐

NOTES

Wedding Gifts

DATE	GIFT RECEIVED	GIVEN BY	THANK YOU
			☐
			☐
			☐
			☐
			☐
			☐
			☐
			☐
			☐
			☐
			☐
			☐
			☐
			☐
			☐
			☐
			☐
			☐
			☐
			☐

NOTES

DATE	GIFT RECEIVED	GIVEN BY	THANK YOU
			☐
			☐
			☐
			☐
			☐
			☐
			☐
			☐
			☐
			☐
			☐
			☐
			☐
			☐
			☐
			☐
			☐
			☐
			☐
			☐

NOTES

DATE	GIFT RECEIVED	GIVEN BY	THANK YOU
			☐
			☐
			☐
			☐
			☐
			☐
			☐
			☐
			☐
			☐
			☐
			☐
			☐
			☐
			☐
			☐
			☐
			☐
			☐
			☐
			☐

NOTES

Wedding Gifts

DATE	GIFT RECEIVED	GIVEN BY	THANK YOU
			☐
			☐
			☐
			☐
			☐
			☐
			☐
			☐
			☐
			☐
			☐
			☐
			☐
			☐
			☐
			☐
			☐
			☐
			☐

NOTES

DATE	GIFT RECEIVED	GIVEN BY	THANK YOU
			☐
			☐
			☐
			☐
			☐
			☐
			☐
			☐
			☐
			☐
			☐
			☐
			☐
			☐
			☐
			☐
			☐
			☐

NOTES

DATE	GIFT RECEIVED	GIVEN BY	THANK YOU
			☐
			☐
			☐
			☐
			☐
			☐
			☐
			☐
			☐
			☐
			☐
			☐
			☐
			☐
			☐
			☐
			☐
			☐
			☐
			☐

NOTES

DATE	GIFT RECEIVED	GIVEN BY	THANK YOU
			☐
			☐
			☐
			☐
			☐
			☐
			☐
			☐
			☐
			☐
			☐
			☐
			☐
			☐
			☐
			☐
			☐
			☐
			☐
			☐

NOTES

Wedding Gifts

DATE	GIFT RECEIVED	GIVEN BY	THANK YOU
			☐
			☐
			☐
			☐
			☐
			☐
			☐
			☐
			☐
			☐
			☐
			☐
			☐
			☐
			☐
			☐
			☐
			☐
			☐
			☐

NOTES

DATE	GIFT RECEIVED	GIVEN BY	THANK YOU
			☐
			☐
			☐
			☐
			☐
			☐
			☐
			☐
			☐
			☐
			☐
			☐
			☐
			☐
			☐
			☐
			☐
			☐
			☐
			☐

NOTES

DATE	GIFT RECEIVED	GIVEN BY	THANK YOU
			☐
			☐
			☐
			☐
			☐
			☐
			☐
			☐
			☐
			☐
			☐
			☐
			☐
			☐
			☐
			☐
			☐
			☐
			☐
			☐

NOTES

DATE	GIFT RECEIVED	GIVEN BY	THANK YOU
			☐
			☐
			☐
			☐
			☐
			☐
			☐
			☐
			☐
			☐
			☐
			☐
			☐
			☐
			☐
			☐
			☐
			☐
			☐
			☐

NOTES

DATE	GIFT RECEIVED	GIVEN BY	THANK YOU
			☐
			☐
			☐
			☐
			☐
			☐
			☐
			☐
			☐
			☐
			☐
			☐
			☐
			☐
			☐
			☐
			☐
			☐
			☐
			☐
			☐
			☐

NOTES

DATE	GIFT RECEIVED	GIVEN BY	THANK YOU
			☐
			☐
			☐
			☐
			☐
			☐
			☐
			☐
			☐
			☐
			☐
			☐
			☐
			☐
			☐
			☐
			☐
			☐
			☐
			☐

NOTES

Wedding Gifts

DATE	GIFT RECEIVED	GIVEN BY	THANK YOU
			☐
			☐
			☐
			☐
			☐
			☐
			☐
			☐
			☐
			☐
			☐
			☐
			☐
			☐
			☐
			☐
			☐
			☐
			☐
			☐

NOTES

Wedding Gifts

DATE	GIFT RECEIVED	GIVEN BY	THANK YOU
			☐
			☐
			☐
			☐
			☐
			☐
			☐
			☐
			☐
			☐
			☐
			☐
			☐
			☐
			☐
			☐
			☐
			☐
			☐
			☐

NOTES

DATE	GIFT RECEIVED	GIVEN BY	THANK YOU
			☐
			☐
			☐
			☐
			☐
			☐
			☐
			☐
			☐
			☐
			☐
			☐
			☐
			☐
			☐
			☐
			☐
			☐
			☐

NOTES

DATE	GIFT RECEIVED	GIVEN BY	THANK YOU
			☐
			☐
			☐
			☐
			☐
			☐
			☐
			☐
			☐
			☐
			☐
			☐
			☐
			☐
			☐
			☐
			☐
			☐
			☐
			☐

NOTES

DATE	GIFT RECEIVED	GIVEN BY	THANK YOU
			☐
			☐
			☐
			☐
			☐
			☐
			☐
			☐
			☐
			☐
			☐
			☐
			☐
			☐
			☐
			☐
			☐
			☐
			☐

NOTES

DATE	GIFT RECEIVED	GIVEN BY	THANK YOU
			☐
			☐
			☐
			☐
			☐
			☐
			☐
			☐
			☐
			☐
			☐
			☐
			☐
			☐
			☐
			☐
			☐
			☐
			☐
			☐
			☐

NOTES

Wedding Gifts

DATE	GIFT RECEIVED	GIVEN BY	THANK YOU
			☐
			☐
			☐
			☐
			☐
			☐
			☐
			☐
			☐
			☐
			☐
			☐
			☐
			☐
			☐
			☐
			☐
			☐
			☐
			☐

NOTES

DATE	GIFT RECEIVED	GIVEN BY	THANK YOU
			☐
			☐
			☐
			☐
			☐
			☐
			☐
			☐
			☐
			☐
			☐
			☐
			☐
			☐
			☐
			☐
			☐
			☐
			☐

NOTES

Wedding Gifts

DATE	GIFT RECEIVED	GIVEN BY	THANK YOU
			☐
			☐
			☐
			☐
			☐
			☐
			☐
			☐
			☐
			☐
			☐
			☐
			☐
			☐
			☐
			☐
			☐
			☐
			☐
			☐

NOTES

DATE	GIFT RECEIVED	GIVEN BY	THANK YOU
			☐
			☐
			☐
			☐
			☐
			☐
			☐
			☐
			☐
			☐
			☐
			☐
			☐
			☐
			☐
			☐
			☐
			☐
			☐
			☐

NOTES

Wedding Gifts

DATE	GIFT RECEIVED	GIVEN BY	THANK YOU
			☐
			☐
			☐
			☐
			☐
			☐
			☐
			☐
			☐
			☐
			☐
			☐
			☐
			☐
			☐
			☐
			☐
			☐

NOTES

Wedding Gifts

DATE	GIFT RECEIVED	GIVEN BY	THANK YOU
			☐
			☐
			☐
			☐
			☐
			☐
			☐
			☐
			☐
			☐
			☐
			☐
			☐
			☐
			☐
			☐
			☐
			☐
			☐
			☐

NOTES

DATE	GIFT RECEIVED	GIVEN BY	THANK YOU
			☐
			☐
			☐
			☐
			☐
			☐
			☐
			☐
			☐
			☐
			☐
			☐
			☐
			☐
			☐
			☐
			☐
			☐
			☐
			☐

NOTES

DATE	GIFT RECEIVED	GIVEN BY	THANK YOU
			☐
			☐
			☐
			☐
			☐
			☐
			☐
			☐
			☐
			☐
			☐
			☐
			☐
			☐
			☐
			☐
			☐
			☐
			☐
			☐
			☐

NOTES

Wedding Gifts

DATE	GIFT RECEIVED	GIVEN BY	THANK YOU
			☐
			☐
			☐
			☐
			☐
			☐
			☐
			☐
			☐
			☐
			☐
			☐
			☐
			☐
			☐
			☐
			☐
			☐
			☐
			☐

NOTES

DATE	GIFT RECEIVED	GIVEN BY	THANK YOU
			☐
			☐
			☐
			☐
			☐
			☐
			☐
			☐
			☐
			☐
			☐
			☐
			☐
			☐
			☐
			☐
			☐
			☐
			☐
			☐
			☐
			☐

NOTES

DATE	GIFT RECEIVED	GIVEN BY	THANK YOU
			☐
			☐
			☐
			☐
			☐
			☐
			☐
			☐
			☐
			☐
			☐
			☐
			☐
			☐
			☐
			☐
			☐
			☐
			☐
			☐

NOTES

DATE	GIFT RECEIVED	GIVEN BY	THANK YOU
			☐
			☐
			☐
			☐
			☐
			☐
			☐
			☐
			☐
			☐
			☐
			☐
			☐
			☐
			☐
			☐
			☐
			☐
			☐
			☐

NOTES

DATE	GIFT RECEIVED	GIVEN BY	THANK YOU
			☐
			☐
			☐
			☐
			☐
			☐
			☐
			☐
			☐
			☐
			☐
			☐
			☐
			☐
			☐
			☐
			☐
			☐
			☐
			☐

NOTES

DATE	GIFT RECEIVED	GIVEN BY	THANK YOU
			☐
			☐
			☐
			☐
			☐
			☐
			☐
			☐
			☐
			☐
			☐
			☐
			☐
			☐
			☐
			☐
			☐
			☐
			☐
			☐

NOTES

DATE	GIFT RECEIVED	GIVEN BY	THANK YOU
			☐
			☐
			☐
			☐
			☐
			☐
			☐
			☐
			☐
			☐
			☐
			☐
			☐
			☐
			☐
			☐
			☐
			☐
			☐

NOTES

DATE	GIFT RECEIVED	GIVEN BY	THANK YOU
			☐
			☐
			☐
			☐
			☐
			☐
			☐
			☐
			☐
			☐
			☐
			☐
			☐
			☐
			☐
			☐
			☐
			☐
			☐
			☐

NOTES

DATE	GIFT RECEIVED	GIVEN BY	THANK YOU
			☐
			☐
			☐
			☐
			☐
			☐
			☐
			☐
			☐
			☐
			☐
			☐
			☐
			☐
			☐
			☐
			☐
			☐
			☐
			☐
			☐

NOTES

DATE	GIFT RECEIVED	GIVEN BY	THANK YOU
			☐
			☐
			☐
			☐
			☐
			☐
			☐
			☐
			☐
			☐
			☐
			☐
			☐
			☐
			☐
			☐
			☐
			☐
			☐
			☐

NOTES

DATE	GIFT RECEIVED	GIVEN BY	THANK YOU
			☐
			☐
			☐
			☐
			☐
			☐
			☐
			☐
			☐
			☐
			☐
			☐
			☐
			☐
			☐
			☐
			☐
			☐
			☐
			☐

NOTES

DATE	GIFT RECEIVED	GIVEN BY	THANK YOU
			☐
			☐
			☐
			☐
			☐
			☐
			☐
			☐
			☐
			☐
			☐
			☐
			☐
			☐
			☐
			☐
			☐
			☐
			☐
			☐
			☐

NOTES

DATE	GIFT RECEIVED	GIVEN BY	THANK YOU
			☐
			☐
			☐
			☐
			☐
			☐
			☐
			☐
			☐
			☐
			☐
			☐
			☐
			☐
			☐
			☐
			☐
			☐
			☐
			☐

NOTES

DATE	GIFT RECEIVED	GIVEN BY	THANK YOU
			☐
			☐
			☐
			☐
			☐
			☐
			☐
			☐
			☐
			☐
			☐
			☐
			☐
			☐
			☐
			☐
			☐
			☐
			☐
			☐

NOTES

Wedding Gifts

DATE	GIFT RECEIVED	GIVEN BY	THANK YOU
			☐
			☐
			☐
			☐
			☐
			☐
			☐
			☐
			☐
			☐
			☐
			☐
			☐
			☐
			☐
			☐
			☐
			☐
			☐
			☐

NOTES

DATE	GIFT RECEIVED	GIVEN BY	THANK YOU
			☐
			☐
			☐
			☐
			☐
			☐
			☐
			☐
			☐
			☐
			☐
			☐
			☐
			☐
			☐
			☐
			☐
			☐
			☐
			☐

NOTES

DATE	GIFT RECEIVED	GIVEN BY	THANK YOU
			☐
			☐
			☐
			☐
			☐
			☐
			☐
			☐
			☐
			☐
			☐
			☐
			☐
			☐
			☐
			☐
			☐
			☐
			☐
			☐

NOTES

DATE	GIFT RECEIVED	GIVEN BY	THANK YOU
			☐
			☐
			☐
			☐
			☐
			☐
			☐
			☐
			☐
			☐
			☐
			☐
			☐
			☐
			☐
			☐
			☐
			☐
			☐

NOTES

DATE	GIFT RECEIVED	GIVEN BY	THANK YOU
			☐
			☐
			☐
			☐
			☐
			☐
			☐
			☐
			☐
			☐
			☐
			☐
			☐
			☐
			☐
			☐
			☐
			☐
			☐
			☐

NOTES

DATE	GIFT RECEIVED	GIVEN BY	THANK YOU
			☐
			☐
			☐
			☐
			☐
			☐
			☐
			☐
			☐
			☐
			☐
			☐
			☐
			☐
			☐
			☐
			☐
			☐
			☐
			☐
			☐

NOTES

DATE	GIFT RECEIVED	GIVEN BY	THANK YOU
			☐
			☐
			☐
			☐
			☐
			☐
			☐
			☐
			☐
			☐
			☐
			☐
			☐
			☐
			☐
			☐
			☐
			☐
			☐
			☐

NOTES

DATE	GIFT RECEIVED	GIVEN BY	THANK YOU
			☐
			☐
			☐
			☐
			☐
			☐
			☐
			☐
			☐
			☐
			☐
			☐
			☐
			☐
			☐
			☐
			☐
			☐
			☐

NOTES

DATE	GIFT RECEIVED	GIVEN BY	THANK YOU
			☐
			☐
			☐
			☐
			☐
			☐
			☐
			☐
			☐
			☐
			☐
			☐
			☐
			☐
			☐
			☐
			☐
			☐
			☐
			☐

NOTES

Wedding Gifts

DATE	GIFT RECEIVED	GIVEN BY	THANK YOU
			☐
			☐
			☐
			☐
			☐
			☐
			☐
			☐
			☐
			☐
			☐
			☐
			☐
			☐
			☐
			☐
			☐
			☐
			☐
			☐

NOTES

DATE	GIFT RECEIVED	GIVEN BY	THANK YOU
			☐
			☐
			☐
			☐
			☐
			☐
			☐
			☐
			☐
			☐
			☐
			☐
			☐
			☐
			☐
			☐
			☐
			☐
			☐
			☐

NOTES

DATE	GIFT RECEIVED	GIVEN BY	THANK YOU
			☐
			☐
			☐
			☐
			☐
			☐
			☐
			☐
			☐
			☐
			☐
			☐
			☐
			☐
			☐
			☐
			☐
			☐
			☐
			☐

NOTES

Wedding Gifts

DATE	GIFT RECEIVED	GIVEN BY	THANK YOU
			☐
			☐
			☐
			☐
			☐
			☐
			☐
			☐
			☐
			☐
			☐
			☐
			☐
			☐
			☐
			☐
			☐
			☐
			☐
			☐

NOTES

DATE	GIFT RECEIVED	GIVEN BY	THANK YOU
			☐
			☐
			☐
			☐
			☐
			☐
			☐
			☐
			☐
			☐
			☐
			☐
			☐
			☐
			☐
			☐
			☐
			☐
			☐
			☐

NOTES

DATE	GIFT RECEIVED	GIVEN BY	THANK YOU
			☐
			☐
			☐
			☐
			☐
			☐
			☐
			☐
			☐
			☐
			☐
			☐
			☐
			☐
			☐
			☐
			☐
			☐
			☐
			☐

NOTES

DATE	GIFT RECEIVED	GIVEN BY	THANK YOU
			☐
			☐
			☐
			☐
			☐
			☐
			☐
			☐
			☐
			☐
			☐
			☐
			☐
			☐
			☐
			☐
			☐
			☐
			☐

NOTES

Wedding Gifts

DATE	GIFT RECEIVED	GIVEN BY	THANK YOU
			☐
			☐
			☐
			☐
			☐
			☐
			☐
			☐
			☐
			☐
			☐
			☐
			☐
			☐
			☐
			☐
			☐
			☐
			☐

NOTES

DATE	GIFT RECEIVED	GIVEN BY	THANK YOU
			☐
			☐
			☐
			☐
			☐
			☐
			☐
			☐
			☐
			☐
			☐
			☐
			☐
			☐
			☐
			☐
			☐
			☐
			☐
			☐

NOTES

Wedding Gifts

DATE	GIFT RECEIVED	GIVEN BY	THANK YOU
			☐
			☐
			☐
			☐
			☐
			☐
			☐
			☐
			☐
			☐
			☐
			☐
			☐
			☐
			☐
			☐
			☐
			☐
			☐
			☐
			☐

NOTES

Wedding Gifts

DATE	GIFT RECEIVED	GIVEN BY	THANK YOU
			☐
			☐
			☐
			☐
			☐
			☐
			☐
			☐
			☐
			☐
			☐
			☐
			☐
			☐
			☐
			☐
			☐
			☐
			☐
			☐

NOTES

Wedding Gifts

DATE	GIFT RECEIVED	GIVEN BY	THANK YOU
			☐
			☐
			☐
			☐
			☐
			☐
			☐
			☐
			☐
			☐
			☐
			☐
			☐
			☐
			☐
			☐
			☐
			☐
			☐
			☐

NOTES

DATE	GIFT RECEIVED	GIVEN BY	THANK YOU
			☐
			☐
			☐
			☐
			☐
			☐
			☐
			☐
			☐
			☐
			☐
			☐
			☐
			☐
			☐
			☐
			☐
			☐
			☐
			☐

NOTES

DATE	GIFT RECEIVED	GIVEN BY	THANK YOU
			☐
			☐
			☐
			☐
			☐
			☐
			☐
			☐
			☐
			☐
			☐
			☐
			☐
			☐
			☐
			☐
			☐
			☐
			☐

NOTES

Wedding Gifts

DATE	GIFT RECEIVED	GIVEN BY	THANK YOU
			☐
			☐
			☐
			☐
			☐
			☐
			☐
			☐
			☐
			☐
			☐
			☐
			☐
			☐
			☐
			☐
			☐
			☐
			☐
			☐

NOTES

DATE	GIFT RECEIVED	GIVEN BY	THANK YOU
			☐
			☐
			☐
			☐
			☐
			☐
			☐
			☐
			☐
			☐
			☐
			☐
			☐
			☐
			☐
			☐
			☐
			☐
			☐

NOTES

DATE	GIFT RECEIVED	GIVEN BY	THANK YOU
			☐
			☐
			☐
			☐
			☐
			☐
			☐
			☐
			☐
			☐
			☐
			☐
			☐
			☐
			☐
			☐
			☐
			☐
			☐
			☐

NOTES

Wedding Gifts

DATE	GIFT RECEIVED	GIVEN BY	THANK YOU
			☐
			☐
			☐
			☐
			☐
			☐
			☐
			☐
			☐
			☐
			☐
			☐
			☐
			☐
			☐
			☐
			☐
			☐
			☐
			☐

NOTES

Wedding Gifts

DATE	GIFT RECEIVED	GIVEN BY	THANK YOU
			☐
			☐
			☐
			☐
			☐
			☐
			☐
			☐
			☐
			☐
			☐
			☐
			☐
			☐
			☐
			☐
			☐
			☐
			☐

NOTES

DATE	GIFT RECEIVED	GIVEN BY	THANK YOU
			☐
			☐
			☐
			☐
			☐
			☐
			☐
			☐
			☐
			☐
			☐
			☐
			☐
			☐
			☐
			☐
			☐
			☐
			☐
			☐

NOTES

_____
_____
_____

DATE	GIFT RECEIVED	GIVEN BY	THANK YOU
			☐
			☐
			☐
			☐
			☐
			☐
			☐
			☐
			☐
			☐
			☐
			☐
			☐
			☐
			☐
			☐
			☐
			☐
			☐
			☐

NOTES

Wedding Gifts

DATE	GIFT RECEIVED	GIVEN BY	THANK YOU
			☐
			☐
			☐
			☐
			☐
			☐
			☐
			☐
			☐
			☐
			☐
			☐
			☐
			☐
			☐
			☐
			☐
			☐
			☐
			☐

NOTES

DATE	GIFT RECEIVED	GIVEN BY	THANK YOU
			☐
			☐
			☐
			☐
			☐
			☐
			☐
			☐
			☐
			☐
			☐
			☐
			☐
			☐
			☐
			☐
			☐
			☐
			☐
			☐

NOTES

DATE	GIFT RECEIVED	GIVEN BY	THANK YOU
			☐
			☐
			☐
			☐
			☐
			☐
			☐
			☐
			☐
			☐
			☐
			☐
			☐
			☐
			☐
			☐
			☐
			☐
			☐
			☐

NOTES

DATE	GIFT RECEIVED	GIVEN BY	THANK YOU
			☐
			☐
			☐
			☐
			☐
			☐
			☐
			☐
			☐
			☐
			☐
			☐
			☐
			☐
			☐
			☐
			☐
			☐
			☐
			☐

NOTES

DATE	GIFT RECEIVED	GIVEN BY	THANK YOU
			☐
			☐
			☐
			☐
			☐
			☐
			☐
			☐
			☐
			☐
			☐
			☐
			☐
			☐
			☐
			☐
			☐
			☐
			☐

NOTES

DATE	GIFT RECEIVED	GIVEN BY	THANK YOU
			☐
			☐
			☐
			☐
			☐
			☐
			☐
			☐
			☐
			☐
			☐
			☐
			☐
			☐
			☐
			☐
			☐
			☐
			☐
			☐

NOTES

DATE	GIFT RECEIVED	GIVEN BY	THANK YOU
			☐
			☐
			☐
			☐
			☐
			☐
			☐
			☐
			☐
			☐
			☐
			☐
			☐
			☐
			☐
			☐
			☐
			☐
			☐
			☐

NOTES

DATE	GIFT RECEIVED	GIVEN BY	THANK YOU
			☐
			☐
			☐
			☐
			☐
			☐
			☐
			☐
			☐
			☐
			☐
			☐
			☐
			☐
			☐
			☐
			☐
			☐
			☐
			☐

NOTES

Wedding Gifts

DATE	GIFT RECEIVED	GIVEN BY	THANK YOU
			☐
			☐
			☐
			☐
			☐
			☐
			☐
			☐
			☐
			☐
			☐
			☐
			☐
			☐
			☐
			☐
			☐
			☐
			☐
			☐

NOTES

DATE	GIFT RECEIVED	GIVEN BY	THANK YOU
			☐
			☐
			☐
			☐
			☐
			☐
			☐
			☐
			☐
			☐
			☐
			☐
			☐
			☐
			☐
			☐
			☐
			☐
			☐
			☐

NOTES

Wedding Gifts

DATE	GIFT RECEIVED	GIVEN BY	THANK YOU
			☐
			☐
			☐
			☐
			☐
			☐
			☐
			☐
			☐
			☐
			☐
			☐
			☐
			☐
			☐
			☐
			☐
			☐
			☐
			☐

NOTES

DATE	GIFT RECEIVED	GIVEN BY	THANK YOU
			☐
			☐
			☐
			☐
			☐
			☐
			☐
			☐
			☐
			☐
			☐
			☐
			☐
			☐
			☐
			☐
			☐
			☐
			☐
			☐

NOTES

DATE	GIFT RECEIVED	GIVEN BY	THANK YOU
			☐
			☐
			☐
			☐
			☐
			☐
			☐
			☐
			☐
			☐
			☐
			☐
			☐
			☐
			☐
			☐
			☐
			☐
			☐
			☐
			☐

NOTES

DATE	GIFT RECEIVED	GIVEN BY	THANK YOU
			☐
			☐
			☐
			☐
			☐
			☐
			☐
			☐
			☐
			☐
			☐
			☐
			☐
			☐
			☐
			☐
			☐
			☐
			☐

NOTES

Wedding Gifts

DATE	GIFT RECEIVED	GIVEN BY	THANK YOU
			☐
			☐
			☐
			☐
			☐
			☐
			☐
			☐
			☐
			☐
			☐
			☐
			☐
			☐
			☐
			☐
			☐
			☐
			☐
			☐

NOTES

DATE	GIFT RECEIVED	GIVEN BY	THANK YOU
			☐
			☐
			☐
			☐
			☐
			☐
			☐
			☐
			☐
			☐
			☐
			☐
			☐
			☐
			☐
			☐
			☐
			☐
			☐
			☐

NOTES

Wedding Gifts

DATE	GIFT RECEIVED	GIVEN BY	THANK YOU
			☐
			☐
			☐
			☐
			☐
			☐
			☐
			☐
			☐
			☐
			☐
			☐
			☐
			☐
			☐
			☐
			☐
			☐
			☐
			☐

NOTES

Wedding Gifts

DATE	GIFT RECEIVED	GIVEN BY	THANK YOU
			☐
			☐
			☐
			☐
			☐
			☐
			☐
			☐
			☐
			☐
			☐
			☐
			☐
			☐
			☐
			☐
			☐
			☐
			☐
			☐

NOTES

Wedding Gifts

DATE	GIFT RECEIVED	GIVEN BY	THANK YOU
			☐
			☐
			☐
			☐
			☐
			☐
			☐
			☐
			☐
			☐
			☐
			☐
			☐
			☐
			☐
			☐
			☐
			☐
			☐
			☐
			☐

NOTES

DATE	GIFT RECEIVED	GIVEN BY	THANK YOU
			☐
			☐
			☐
			☐
			☐
			☐
			☐
			☐
			☐
			☐
			☐
			☐
			☐
			☐
			☐
			☐
			☐
			☐
			☐
			☐

NOTES

Wedding Gifts

DATE	GIFT RECEIVED	GIVEN BY	THANK YOU
			☐
			☐
			☐
			☐
			☐
			☐
			☐
			☐
			☐
			☐
			☐
			☐
			☐
			☐
			☐
			☐
			☐
			☐
			☐

NOTES

Wedding Gifts

DATE	GIFT RECEIVED	GIVEN BY	THANK YOU
			☐
			☐
			☐
			☐
			☐
			☐
			☐
			☐
			☐
			☐
			☐
			☐
			☐
			☐
			☐
			☐
			☐
			☐
			☐
			☐

NOTES

DATE	GIFT RECEIVED	GIVEN BY	THANK YOU
			☐
			☐
			☐
			☐
			☐
			☐
			☐
			☐
			☐
			☐
			☐
			☐
			☐
			☐
			☐
			☐
			☐
			☐
			☐
			☐

NOTES

Wedding Gifts

DATE	GIFT RECEIVED	GIVEN BY	THANK YOU
			☐
			☐
			☐
			☐
			☐
			☐
			☐
			☐
			☐
			☐
			☐
			☐
			☐
			☐
			☐
			☐
			☐
			☐
			☐
			☐

NOTES

DATE	GIFT RECEIVED	GIVEN BY	THANK YOU
			☐
			☐
			☐
			☐
			☐
			☐
			☐
			☐
			☐
			☐
			☐
			☐
			☐
			☐
			☐
			☐
			☐
			☐
			☐
			☐

NOTES

Wedding Gifts

DATE	GIFT RECEIVED	GIVEN BY	THANK YOU
			☐
			☐
			☐
			☐
			☐
			☐
			☐
			☐
			☐
			☐
			☐
			☐
			☐
			☐
			☐
			☐
			☐
			☐
			☐
			☐

NOTES

DATE	GIFT RECEIVED	GIVEN BY	THANK YOU
			☐
			☐
			☐
			☐
			☐
			☐
			☐
			☐
			☐
			☐
			☐
			☐
			☐
			☐
			☐
			☐
			☐
			☐

NOTES

Wedding Gifts

DATE	GIFT RECEIVED	GIVEN BY	THANK YOU
			☐
			☐
			☐
			☐
			☐
			☐
			☐
			☐
			☐
			☐
			☐
			☐
			☐
			☐
			☐
			☐
			☐
			☐
			☐
			☐

NOTES

Wedding Gifts

DATE	GIFT RECEIVED	GIVEN BY	THANK YOU
			☐
			☐
			☐
			☐
			☐
			☐
			☐
			☐
			☐
			☐
			☐
			☐
			☐
			☐
			☐
			☐
			☐
			☐
			☐

NOTES

Wedding Gifts

DATE	GIFT RECEIVED	GIVEN BY	THANK YOU
			☐
			☐
			☐
			☐
			☐
			☐
			☐
			☐
			☐
			☐
			☐
			☐
			☐
			☐
			☐
			☐
			☐
			☐
			☐

NOTES

DATE	GIFT RECEIVED	GIVEN BY	THANK YOU
			☐
			☐
			☐
			☐
			☐
			☐
			☐
			☐
			☐
			☐
			☐
			☐
			☐
			☐
			☐
			☐
			☐
			☐
			☐
			☐

NOTES

DATE	GIFT RECEIVED	GIVEN BY	THANK YOU
			☐
			☐
			☐
			☐
			☐
			☐
			☐
			☐
			☐
			☐
			☐
			☐
			☐
			☐
			☐
			☐
			☐
			☐
			☐
			☐

NOTES